AF360975

REFLEXIONS

POUR le Marquis de MENARS;

CONTRE la Dame Marquise de Menars.

LA Marquise de Menars poursuit l'interdiction de son mari avec une vivacité & une indécence qui n'ont pas d'exemple ; mais ces poursuites tombent par l'irrégularité de la procedure, & par l'injustice de la demande au fond.

1°. La procedure est radicalement nulle ; une femme en puissance de mari ne peut pas ester en jugement ; la Coutume de Paris, art. 224. lui refuse ce droit ; elle prononce son incapacité. Comment est-ce qu'une femme qui ne peut pas ester en jugement, pourroit plaider contre son mari & poursuivre son interdiction ? c'est ce qui n'est pas proposable.

Oh ! mais, dit-on, une femme n'est que dénonciatrice, & quand elle poursuit l'interdiction de son mari, elle ne fait que représenter sa situation à sa famille & au Magistrat.

La Dame Marquise de Menars ne s'est pas tenue dans les bornes de cette modération ; au lieu de se contenter de presenter sa requête au Magistrat, & d'abandonner le reste à la famille & à la Justice, on l'a vûe poursuivre son mari, se presenter pour plaider contre lui, évoquer des demandes du Châtelet, interjetter des appels, obtenir des Arrêts de défense : tout est devenu contentieux de la part de la Marquise de Menars, & elle a formé un procès contre son mari, tel qu'on n'a pas d'exemple d'un pareil de la part d'une femme.

La plaidoyerie la moins mesurée a été faite pour sa défense ; elle a été soutenue de Memoires dans lesquels la verité & la bienséance n'ont pas été plus menagée : Preuve que les Memoires qu'elle a fournie à son defenseur, ont été dictez par la fureur & par la passion.

La Dame Marquise de Menars demande d'etre Curatrice de son mari, ainsi elle plaide pour elle-même, & elle plaide à cet égard contre Messieurs les Parens, qui ne lui ont pas déferé cette curatelle avec toute l'étendue & toute l'indépendance qu'elle désire.

Jamais femme a-t-elle fait un pareil procez ? A-t-on quelque exem-

A

ple d’une pareille procedure ? & une femme qui ne peut pas ester en Jugement, sans être autorisée par son mari ou par la Justice, aura-t-elle la liberté de faire un si grand éclat , d’occuper tant d’Audiences , & de donner lieu à une pareille plaidoyerie sans être autorisée par la Justice ?

Oh mais, dit-on , l’Arrèt de la Cour qui a ordonné l’assemblée préparatoire de la famille a couvert la nullité de la procedure ; c’est faire injure à la Cour que de proposer un pareil moyen. Comment est-ce que la Cour auroit passé sur la disposition litterale de la Coutume , art. 224. qui porte , *Femme ne peut ester en Jugement sans le consentement de son mari , si elle n’est autorisée ou separée par Justice , & ladite separation executée.* La Cour est trop instruite des regles , & la disposition de la Coutume est trop claire & trop précise , pour qu’il soit permis de le penser L’Arrêt de la Cour a laissé subsister toutes les questions en leur entier ; & sans préjudice du droit des Parties au principal , il a été ordonné une assemblée de parens. C’étoit un sage temperament, qui avoit pour objet d’instruire la religion de la Cour, & peut-être de rapprocher les esprits, & d’éviter un second éclat : le peu d’accueil que le public toujours juste, avoit fait à la Cause de la Marquise de Menars auroit dû la faire rentrer en elle-même.

2°. On interdit pour cause de démence ou de prodigalité. Il ne s’agit point dans la Cause qui est à décider d’une interdiction pour cause de démence & d’imbecillité.

La Dame Marquise de Menars n’a pas demandé l’interdiction de son mari sur ce fondement; elle n’a pas fait la procedure nécessaire pour y parvenir, puisque le Marquis de Menars n’a point été interrogé par le Magistrat, & qu’en matiere d’interdiction pour cause de démence & d’imbécillité , c’est au Juge à décider, par un interrogatoire, de la situation de l’esprit de celui qui est présenté à la Justice comme fol ou comme imbécille. Il faut donc écarter cette espece d’interdiction dont il ne s’agit pas.

Ce n’est donc que pour cause de prodigalité que la Dame Marquise de Menars prétend faire interdire son mari. Mais quels traits de prodigalité lui reproche-t’elle ? Dans quelle dissipation est-il tombé ? Le Marquis de Menars en se mariant a commencé par fonder une substitution du Marquisat de Menars en faveur de ses enfans ; à l’égard de ses autres biens, qui consistent dans la succession de Madame la Présidente de Menars , ils existent en entier. Ils ne sont pas encore partagez ; les revenus en sont même accumulez ; l’argent provenu de la vente du Régiment du Marquis de Menars a été remis à Madame la Présidente de Menars, & il est dû par sa succession. Ainsi voilà tous les biens du Marquis de Menars qui existent ; il n’en a jamais dissipés ni alienés aucuns.

Le Marquis de Menars n’a pas plus entamé ses biens par des obligations ou par des billets, il n’en a fait aucuns : aussi la Marquise de Menars n’en rapporte & n’en cite-t’elle aucuns , malgré les recherches qu’on se persuade aisément qu’elle fait.

Comment est-ce donc qu’on interdiroit comme prodigue, un homme qui n’a jamais aliené un écu de son bien , dont tous les biens exiftent, & qui n'a paffé aucunes obligations, ni fait aucun billets?

Les Loix veulent qu'on n'interdife que celui *qui neque tempus, neque finem expenfarum habet;* & comme dit Monfieur d'Argentré, celui *qui trientem de re fua diminuerit.* Si une jeune Dame Romaine avoit formé du tems du Chancelier Tribonien, la demande en interdiction d'un vieux mari, on eft perfuadé que quoique ce grand homme ait été accufé d'être favorable aux Dames dans ces Loix, ce qui lui a merité le nom de *Vir uxorius,* il ne fe feroit point relâché de l'aufterité des Loix Romaines, qui ont fubfifté jufquà préfent dans toute leur vigueur, & que nous avons adoptées.

Mais même fi l'on fuppofoit pour un moment que la Dame Marquife de Menars qui n'a apporté à fon mary, ni biens préfens, ni efperance, eût de la fortune, elle ne pourroit pas demander la féparation de biens d'avec fon mary pour caufe de diffipation: comment donc pourroit-elle le faire interdire pour le foumettre à fon defpotifme, & pour fe rendre maîtreffe de fes biens?

Mais en même temps qu'on ne flétrit de l'interdiction que ceux qui font fols, imbécilles, ou prodigues, la Cour donne des Confeils à ceux qui par des infirmitez font expofez à des furprifes.. Le Marquis de Menars fe trouve dans ce cas; il a la vûë fi baffe qu'on peut le mettre au rang des aveugles. Dans cette fituation, quelle furprife n'a-t'il pas à craindre, & ne l'a-t'il pas éprouvé par le Billet & la Lettre de change qu'on lui a fait figner? La Dame Marquife de Menars a apofté des hommes à fa folde, qui en fe préfentant pour acheter des Charges de la Capitainerie de Blois, ont furpris ces deux engagemens fous prétexte de figner une promeffe de vendre à chacun une Charge de Gardes à pied de cette Capitainerie. Il avoit été queftion de ces deux Charges, avant la fignature du billet & de la Lettre de change, on s'étoit déja préfenté au Marquis de Menars; on vint le trouver en ville de la part de la Marquife de Menars, & on le preffa de figner la promeffe de vendre & de recevoir des arrhes. La fignature n'a point été faite ainfi qu'on l'a fait plaider; il eft vrai qu'elle a été faite en maifon tierce Jufques-là perfonne n'avoit ofé tenter une pareille furprife, le Marquis de Menars n'en avoit point encore éprouvée, il falloit des perfonnes encouragées par les récompenfes que la Dame Marquife de Menars & ceux qui font entrés dans fa conjuration leur avoient promifes. Ces Billets ayant efté furpris, on fit entendre au Marquis de Menars que des Avanturiers ayant efté arrêtez & conduit chez le Lieutenant de Police, on les avoit trouvés nantis de ces Billets, qu'il s'en eftoit faifi, & qu'il en avoit donné avis à la Famille. Voilà la fable qui fut compofée, & à la faveur de laquelle le Marquis de Menars fe laiffa conduire chez le Lieutenant Civil par M. le Duc de Chaulnes où il demanda fa femme pour Confeil. La Dame Marquife de Menars n'a pas efté contente de cette qualité de Confeil de fon Mary, elle portoit fes vûës plus haut; elle vouloit fubjuguer fon mary entierement. De là les pourfuites fi vives fur l'interdiction; mais les infirmitez du Marquis de Menars font garands que la Cour lui nommera des Confeils, pour le mettre à l'abry des furpri-

4

ses ausquelles il seroit exposé , & qu'il a éprouvées de la part des émis-
saires de la Marquise de Menars.

En vain la Marquise de Menars prétend-t'elle rejetter sur les Demoiselles de Menars la surprise des Billets, elle n'a pas réussi à persuader
à cet égard; le fait a été desavoué solemnellement par les Demoiselles de
Menars , par Acte passé par devant Notaires ; & la Demoiselle de Menars presente à l'Audience le desavoue de nouveau; il est aussi peu vrai
que le Billet & la Lettre de Change soient de l'écriture du sieur Laîné,
qui fait les affaires de la Demoiselle de Menars , on denie ce fait formellement ; le Billet & la Lettre de Change sont de l'écriture du laquais du
sieur de la Riviere pere de la Marquise de Menars. Voilà des faits qu'il
est facile d'approfondir , & dont l'éclaircissement ne tournera jamais
à l'avantage de la Marquise de Menars : il n'y a qu'à verifier l'écriture
des Billets.

Au reste c'est la surprise que le Marquis de Menars a éprouvée de
la part de sa femme , qui lui a fait prendre le parti de demander à la
Cour des Conseils sages & éclairez , sans lesquels il ne puisse entrer dans
aucun engagement.

Oh mais ! dit la Marquise de Menars , je m'oppose à ce que mon
mari n'ait que des Conseils. La voye des Conseils est un temperament
qui ne doit point être admis, suivant la Marquise de Menars : elle ne
connoît que l'interdiction absolue, tout ce qui tend à ménager l'honneur de son mari & à lui conserver son état , est un temperament qui
la revolte.

Quoi ! dit la Marquise de Menars , le nom de mon mari paroîtroit encore; s'il n'est point interdit, & qu'il y ait un procès, on plaidera en son
nom ! D'ailleurs, dit la Marquise de Menars, si mon mari n'est pas interdit , il fera des billets d'honneur , on a trouvé cette route auprès de
lui : Messieurs les Marechaux de France ne connoissent que les interdictions absolues; ainsi il n'y a que les billets des Interdits ausquels ils n'ont
point d'égard ; mais pour les billets faits par ceux qui ont des Conseils,
Messieurs les Marechaux en ordonnent l'execution : enfin s'il faut prendre des Lettres de rescision contre quelques-uns des engagemens cheris
par le Marquis de Menars, & qu'il ne soit point interdit, il ne voudra pas
consentir à ce qu'on obtienne des Lettres de rescision sous son nom.

Il n'est pas vrai que la Cour n'admette point de temperament , &
qu'il faille absolument frapper d'une interdiction absolue ceux qui
ont quelque infirmité qui les expose à des surprises. La Cour a rendu
une infinité d'Arrêts par lesquels elle a donné des Conseils à ceux qui
étoient affligez d'infirmitez.

Oh mais ! dit-on , il n'y a que l'interdiction absolue qui remedie aux
billets d'honneur dans le Tribunal de Messieurs les Marechaux de
France. On n'a jamais proposé une erreur avec plus de confiance.

Il est faux que Messieurs les Marechaux de France distinguent les
interdictions absolues d'avec les simples Conseils. On a rapporté à
l'Audience plusieurs Jugemens de Messieurs les Maréchaux de France
qui ont condamnez des Interdits d'une interdiction absolue, à acquitter des billets d'honneur : ainsi , erreur de dire que Messieurs les
Maréchaux

Maréchaux de France diftinguent l'interdiction abfolue d'avec le fimple Confeil. Meffieurs les Marechaux de France ne font point Juges des biens; leurs Jugemens ne frappent que fur les perfonnes, il s'agit de prévenir les voyes de fait, & de maintenir les Loix de l'honneur.

Un Interdit, ou un homme qui a un Confeil, eft en état d'en venir aux mains avec fon adverfaire; fi l'Interdit fait un billet d'honneur, il faut qu'il l'acquitte, ou il eft expofé à perdre fa liberté; car les Jugemens de Meffieurs les Marechaux de France ne s'executent que fur les perfonnes & non fur les biens. Ainfi fi le Marquis de Menars fait un billet d'honneur, il y a tout à craindre pour fa liberté, & c'eft fans doute ce qui allarme la Marquife de Menars.

Dans la réplique qui vient d'être faite pour la Marquife de Menars, on a été forcé d'abandonner la diftinction que l'on avoit faite jufqu'ici entre les billets d'honneur faits par les Interdits, & ceux faits par ceux à qui la Juftice n'a donnée que des Confeils; ainfi il doit demeurer pour conftant que l'interdiction ou le Confeil remedient auffi peu aux billets d'honneur; & ainfi la Dame Marquife de Menars qui s'excufoit d'infifter fur l'interdiction abfolue, fous prétexte des billets d'honneur, eft obligée d'abandonner ce moyen par lequel elle effayoit d'excufer fon procedé.

Enfin les Billets d'honneur dont on a fait tant de bruit, font une chimere, le Marquis de Menars n'en a fait aucun, il a plus d'intéret qu'aucun autre de n'en pas faire, puifqu'il lui en coûteroit la liberté, & il ne doit pas craindre d'être furpris par des Gentils-hommmes qui ne font point capables des furprifes qu'il faudroit commettre pour lui en faire figner. En vain la Marquife de Menars a-t'elle fait plaider qu'elle avoit rapporté l'année derniere une pille de Billets d'honneur faits par le Marquis de Menars, même au profit de femmes. Ce fait a efté hazardé dans la chaleur de l'action. Il eft vrai que le Marquis de Menars étant à la guerre avoit fait un Billet d'honneur au profit du fieur de Montarant Capitaine aux Gardes, ce Billet eftoit de 18000 liv. La Dame de Menars a trouvé l'heureux expedient d'emprunter 6000 liv. du fieur de Montarant, afin de faire un compte rond de 24000 liv. pour lefquels il lui a efté paffé un Contrat; mais ce Billet d'honneur eftoit anterieur au mariage de la Marquife de Menars, & par conféquent c'eft un fait entierement eftranger à la caufe qui eft à décider.

L'interdiction du Marquis de Menars eft donc contraire à toutes les Loix, & l'acharnement de la Dame Marquife à la pourfuivre eft contraire à la bienféance & à la reconnoiffance.

Le Confeil eft un tempérament fage propofé par le Marquis de Menars, qui remedie à toutes les furprifes aufquelles la foibleffe de fa vûe peut l'expofer, & qui pourvoit à une fage adminiftration.

Le Marquis de Menars n'a contracté aucun engagement qu'il faille attaquer par des Lettres de refcifion, & ainfi on ne doit pas craindre qu'il refufe fon confentement à ce qu'on obtienne de pareilles Lettres. D'ailleurs une pareille terreur ne feroit pas fuffifante pour interdire le Marquis de Menars par prevoyance. On ne doit pas penfer qu'il refufe de faire tout ce que des Confeils fages, éclairez & illuftres jugeront néceffaire pour la confervation de fes biens. Mais non feulement l'interdiction que la Marquife de Menars pourfuit avec tant de feu, n'eft pas conforme aux loix, elle eft inutile pour parer aux furprifes qui pourroient lui eftre faites à caufe de fa vûe.

Il eft encore prouvé que cette interdiction feroit nuifible au Marquis de Menars. Eft-il poffible que la Marquife de Menars confulte fi peu l'interèt de la fortune de fon mary & de fes enfans, pour pourfuivre une interdiction qui diminue les revenus & qui ôte l'état à fon mary, & pour refufer un fage temperament qui conferve l'état de fon mary, & qui lui conferve des revenus qui lui échappent par l'interdiction.

Tel eft l'effet de la paffion, quand on s'y livre fans mefure. On ne ceffe de dire que les revenus du Marquis de Menars font diminuez, & on veut encore lui en faire perdre par l'interdiction. Si le Marquis de Menars étoit interdit, il ne pourroit plus exercer fa Charge de Capitaine des Chaffes. Non feulement il ne pourroit plus monter au Siege, mais le dernier Garde de fa Capitainerie lui défobëiroit impunément dans le moment de l'interdiction. M. Dodun qui a la furvivance entreroit en fonctions. Ce feroit M. Dodun qui donneroit les permiffions de chaffe & l'agrément des Charges, ce qui vaut 6000 livres par an, fans compter la Charge de Sous-Lieutenant qui vaut 8000 liv. Ce Sous-Lieutenant eft actuellement condamné par contumace; les cinq années ne font pas expirées, & ainfi le Marquis de Menars ne peut pas encore difpofer de cette Charge.

Oh mais! dit-on, M. Dodun vient d'écrire une lettre qu'on a lûe à l'Audience, & par laquelle il marque qu'il ne prétend point profiter des cafuels.

Mais par cette lettre M. Dodun dit bien nettement, que dans l'inftant de l'interdiction, il entrera en fonctions : ainfi ce fera M. Dodun qui deviendra maître dans la Capitainerie, ce fera lui qui donnera les permiffions & les agrémens, & qui difpofera des Charges. Convient-il au Marquis de Menars d'ètre privé de tout l'honorifique, & de tenir de M. Dodun l'utile, qu'il fera même maître de fixer arbitrairement, & qui par là diminuera confidérablement? En verité il faut que la Marquife de Menars foit bien agitée du défir de l'interdiction, pour ne fe pas rappeller dans cette occafion les fentimens qui devroient lui faire appercevoir combien il eft peu decent d'avoir l'utile de la Capitainerie, au titre qu'elle le préfente. Le Marquis de Menars ne veut tenir l'utile de fes Charges que de lui-même; & le temperament des Confeils, en parant aux furprifes, en établiffant une bonne adminiftration, lui conferve fon état & les fonctions de fa Charge pour l'honorifique comme pour l'utile. Si M. Dodun penfe affez bien pour ne vouloir que l'honorifique de la Capitainerie, le Marquis de Menars de fa part ne veut point d'un utile humiliant & dépendant, qui feroit feparé de l'autorité qui doit l'accompagner, & qui en eft la fuite.

Oh mais! dit-on, c'eft ce qui s'eft fait pendant l'interdiction de 1723. lorfque le Marquis de Menars a confenti à la furvivance; il eft vrai que c'étoit une condition de la furvivance que le Marquis de Menars continueroit de donner les agrémens des Charges, & que M. Dodun ne feroit aucunes fonctions. Cette convention étoit la condition du Traité pour la survivance, on étoit même maître alors de faire lever l'interdiction, comme elle l'a été en effet.

Il s'agit aujourd'hui d'une grace de la part de M. Dodun, & le Marquis de Menars declare qu'il n'en veut point.

Il ne reste plus, par rapport à la question de l'interdiction, que l'avis de Messieurs les parens assemblez au nombre de huit, qui tous ont été d'avis de l'interdiction; la Marquise de Menars prétend que cet avis doit decider en sa faveur.

Premierement, l'avis de Messieurs les parens n'est qu'un avis consultatif, la Cour n'est point astrainte à le suivre; Secondement, on est persuadé que si Messieurs les parens maternels principalement avoient été informés exactement sur le fait des Billets d'honneur, que la distinction proposée par la Marquise de Menars, d'un ton si assuré, étoit fausse, & que Messieurs les Maréchaux de France condamnent également les Interdits, ou ceux qui ont des Conseils à acquitter les Billets d'honneur, à peine de prison, comme aussi que par l'interdiction, le Marquis de Menars perdoit l'exercice de sa Charge de Capitaine des Chasses & 6000 liv. de rente de casuel qui y sont attachez, ils auroient pris un parti plus doux, aussi efficace & moins nuisible, en ne donnant au Marquis de Menars que des Conseils, au lieu de l'interdire.

Le Marquis de Menars a presenté depuis l'Assemblée de Messieurs les parens, une Requête qui est l'ouvrage de la sagesse: on est persuadé que tous Messieurs les parens maternels l'adopteroient, & qu'ils ne feroient nulle difficulté de changer d'avis à cet égard, pour en adopter un qui produit le même effet, qui établit le même arrangement dans les affaires du Marquis de Menars, qui pourvoit également à toutes les surprises, & qui lui conserve son état, & tous les droits de ses Charges de Gouverneur du Château de Blois, & de Capitaine des Chasses du Comté.

Troisiémement, cinquante parens tous distinguez par leur naissance & par leurs grandes places dans tous les Ordres du Royaume, interviennent en faveur du Marquis de Menars, & se joignent à lui, pour que la Cour lui épargne une interdiction inutile, deshonorante, & nuisible à sa fortune; ils applaudissent aux sages temperamens expliquez dans la Requête du Marquis de Menars; ce Corps de parens ne vient pas pour faire le siege de la Grand'Chambre, suivant l'expression peu convenable de la Marquise de Menars; on n'assiege la Justice que par des raisons; mais ces parens se joignent à un parent malheureux, poursuivi par une femme ingrate, ils lui rendent un témoignage qu'ils lui doivent, & ils empêchent par leur presence que la Marquise de Menars ne tire avantage du silence de la famille de son mari; on auroit pû croire que toute la famille du Marquis de Menars pensoit qu'il devoit être interdit.

La Marquise de Menars a même fait plaider que c'étoit la famille du Marquis de Menars qui l'avoit engagée à demander l'interdiction de son mari. Le cri de toute la famille contre la conduite de la Marquise de Menars prouve combien ce fait étoit faux.

Quatriémement , entre les Parties qui interviennent on en trouve deux, M. Dugué-de-Bagnols beau-frere du Marquis de Menars, & le Comte de Graville, qui avoient droit de se trouver à l'Assemblée, & & qui ne s'y sont point trouvez. Ainsi la Cour a voulu qu'ils fussent consultez, & leur avis est, que le Marquis de Menars ne doit pas être interdit, mais qu'il faut lui donner des Conseils & un Œconôme, ainsi qu'il le demande par sa Requête.

Le Comte de Lignieres, qui avoit été appellé à l'Assemblée chez Monsieur le Lieutenant Civil, & qui avoit été d'avis de l'interdiction, informé des manœuvres qui avoient été faites, reconnoît qu'il avoit été trompé : on a sçû ce changement fait de sa part en connoissance de cause, s'étant informé du stratagème du Billet & de la lettre de change ; on l'a écarté de la nouvelle Assemblée, mais il est du nombre des Intervenans.

Enfin voilà un Corps respectable de parens illustres qui se présentent à la Cour en faveur du Marquis de Menars ; le suffrage de personnes aussi respectables ne sera jamais regardé comme méprisable, sur tout quand il est appuyé sur des raisons aussi puissantes qui militent en faveur du Marquis de Menars.

Mais même l'Assemblée de Messieurs les parens que la Marquise de Menars fait sonner si haut, est composée de dix parens paternels & de huit parens maternels seulement. Entre Messieurs les parens paternels est M. le Duc de Chaulnes, qui doit être regardé comme Partie, ainsi qu'il résulte de la Lettre du sieur Mesnard, qui est imprimée à la fin du présent Memoire, & qui prouve que M. le Duc de Chaulnes est entré dans le projet d'interdiction avec la Marquise de Menars, & que la partie étoit liée à cet effet. MM. les Ducs de Luynes, de Levy, & de Mortemart ont donné leur avis par procurations uniformes envoyées par un Intendant qui en étoit porteur. M. le Duc de Luxembourg est venu à l'Assemblée, mais il n'y est resté qu'un instant, & avant qu'on entrât en matiere, il a fait faire une procuration pareille à celle dont l'Intendant étoit porteur, & il l'a aussi chargé de la sienne. Le Chevalier de Saumery a épousé dans tous les tems les interêts de la Marquise de Menars d'une façon peu propre à s'ériger en Juge de l'état du Marquis de Menars. Seroit-ce même par ressentiment pour une querelle qu'il a eue avec le Marquis de Menars, cela seroit malheureux pour le Marquis de Menars , d'autant que le Chevalier de Saumery a deux freres qu'il a entraîné dans son parti ?

Le Marquis de Saffenage autre parent paternel porte aussi son reproche contre lui c'est chez la Dame Marquise de Saffenage que c'est tenu le conseil de guerre contre le Marquis de Menars. Aussi le Marquis de Menars avoit-il recusé M. le Duc de Chaulnes, le Chevalier de Saumery, ses deux freres, & le Marquis de Saffenage: il est vrai que la reculation ne valloit rien, parce qu'on ne recuse que des Juges ; mais l'avis consultatif de personnes recusées avec fondement pese-t-il autant quand il est mis dans la balance, que l'avis des parens impartiaux. Pourquoi même se trouve-t-il que l'on a appellé à cette Assemblée tous les parens paternels qui avoient été contre le

Marquis

Marquis de Menars dans la première Assemblée, & qu'on en a rejetté ceux qui lui avoient été favorables, M. l'Evêque de Rieux, M. le Marquis de Piffont, M. Bofc, & M. le Comte de Seignelay ? Il femble que pour conferver l'égalité il falloit n'appeller ni les uns, ni les autres, ou en appeller des deux avis un égal nombre, afin qu'ils fe ramenaffent les uns les autres, ou qu'ils fuffent départagez par de nouveaux parens ; ce font-là des faits que la Marquife de Menars a pris foin de cacher à M. le Procureur Général qui a arrêté la lifte. Si Monfieur Dugué de Bagnols, mis fur la lifte, n'a pas jugé à propos d'aller à l'Affemblée, c'eft qu'ayant époufé la fille de M. le Préfident & de Madame le Préfidente de Menars, il a trouvé mauvais qu'on le mît le dernier dans l'ordre des parens maternels, pendant qu'il eftoit le premier des paternels ; il paroît auffi que des parens beaucoup plus proches que ceux compris dans la lifte n'ont point efté appellés. Enfin, le Comte de Saumery pere qui fe trouvoit le premier parent paternel dans la nouvelle Affemblée, n'a point efté d'avis de l'interdiction, le torrent feul l'a entraîné, & il n'eft revenu à cet avis que pour n'être pas feul de fon parti.

Meffieurs les parens maternels au nombre de huit qui ont regardé l'interdiction ou le Confeil comme indifferens, ne fe font attachez qu'à mettre un frein à la Curatelle, pour conferver le bien aux enfans, & pour empêcher le Marquis de Menars de gémir fous l'autorité de fa femme. On peut même remarquer par l'avis de l'Abbé de Fourcy qu'il fe rend plutôt à un avis dominant fur l'interdiction, qu'à un avis pris par choix. Dans ces circonftances, on ofe dire avec confiance que Meffieurs les parens maternels ne feront nullement offenfez que leur avis s'exécute en changeant le nom d'interdiction ; car il ne s'agit ici que d'ôter les noms d'interdiction & de Curatelle. Du refte, un Confeil illuftre, un Oeconome fage & prudent produiront le même effet.

La Dame Marquife de Menars demande avec empreffement la Curatelle de fon mary. Voilà tout le mobile de fes démarches ; voilà le fruit qu'elle s'eft promife de fes furprifes & de fes pourfuites ; voilà ce qui lui a fait franchir tout ce que la bienféance lui prefcrivoit ; mais premierement fi le Marquis de Menars n'eft point interdit, ainfi qu'il a lieu de s'en flâter, la queftion de la Curatelle tombe. Secondement, comme en Cour Souveraine il faut deffendre à toutes fins, la Dame Marquife de Menars ne devroit pas être Curatrice fi fon mary eftoit interdit.

Peut-on propofer de fang froid d'affujettir un mary fexagenaire à une jeune femme qui ne connoît que les amufemens du monde ? Ne feroit-ce pas condamner ce mary a être le refte de fes jours le plus malheureux de tous les hommes ? Chez les Romains, un pere imbécille & fol pouvoit bien être mis fous la Curatelle de fon fils, parce que le fol & l'imbécille n'ont point de volonté, & encore dans ce cas le pere n'eftoit-il mis fous la Curatelle de fon fils, que lorfque ce fils par fes refpects & par fa conduite irréprochable avoit mérité cette confiance, *Si tam probus fit*, dit la Loi. Mais il n'en eftoit pas de même du pere prodigue : jamais le prodigue qui a connoiffance & volonté n'eftoit

Queftion de
la Curatelle.

affujetti à celui dont il eft le chef. En partant d'après des principes
fi fages, comment eft-ce que le mari prodigue feroit foumis à fa femme ; mais il ne s'agit pas même ici d'un mary prodigue, il s'agit d'un
mary que fes infirmitez expofent à des furprifes, & qui demande du
fecours à la Juftice pour l'en garantir. Ce n'eft point fa femme qu'il
demande pour fecours, c'eft au contraire fa femme qui l'a furpris &
dont il a le plus lieu de fe défier. Cette furprife formeroit feule un
obftacle à la prétention de la Marquife de Menars. On ne peut pas
lui appliquer la Loi, *Si tam probus fit.*

Oh mais ! dit la Marquife de Menars, c'eft mon droit, fi mon mari
eft interdit, d'être fa Curatrice; j'ai ce droit comme femme, comme
commune, comme mere : on avoit même reclamé de fa part la dif-
pofition de la Coutume de Bretagne, la feule Coutume du Royaume
qui dans le cas d'interdiction défere la Curatelle à la femme.

La Coutume de Bretagne ne défere la Curatelle à la femme qu'en
connoiffance de caufe, & lorfqu'elle a des biens capables de répondre
de fon adminiftration. En Bretagne, les nominateurs des Tuteurs &
des Curateurs font refponfables du Tuteur & du Curateur, & ainfi en
Bretagne la Dame Marquife de Menars qui n'a aucuns biens prefens &
avenir, n'auroit pas eu une feule voix pour être Curatrice.

C'eft pour l'interêt du Mari, de la Communauté, & des enfans,
qu'il ne faut pas confier à la Marquife de Menars la Curatelle qu'elle
brigue fi fort. Son adminiftration paffée à titre de confiance de la part
de fon mari depofe contre fon adminiftration future. Il ne faut lui abandonner que ce qui fera deftiné à être depenfé. Pendant cinq années elle
a joui de 40000 l. de rente, elle a touché 72000 liv. outre les revenus
qui avoient été amaffez pendant l'interdiction du Marquis de Menars,
levée depuis fon mariage. Le Sr Gervais Curateur lors de cette interdiction, a payé quantité de meubles & de bijoux achetez lors du mariage;
cependant l'état actuel des affaires du Marquis de Menars, ainfi que la
Marquife de Menars en convient, eft de 40000 l. de dettes, & il s'en trouvera bien davantage : tous ces faits font exacts; on fe foûmet d'en faire
la preuve, on a même offert de la faire lors de l'avis de Meffieurs les
parens ; on demanda alors en communication le compte de la Marquife de Menars pour le debattre, mais Meffieurs les parens crurent que
cela étoit inutile. Qu'eft-ce qu'un compte qui n'a pas été debattu ? Si
la Dame Marquife de Menars a rapporté quelques quittances, elle fe
les eft procurée par des Billets à ordre de Lambert Receveur, qui ont
été donnez a ceux qui ont eu la facilité de donner des quittances ; on
auroit devoilé toutes ces fraudes, fi le compte avoit été communiqué
& debattu: enfin, ce qui eft fûr, c'eft que le compte de la Marquife
de Menars, ce compte qui n'a été ni communiqué ni debattu, n'a point
été examiné par Meffieurs les parens ; il eft vrai que le Chevalier de
Saumery parla beaucoup dans l'Affemblée, il tenoit le compte à la
main, il avoit un tas de pieces, il vouloit fans ceffe parler, & perfonne
ne vouloit l'écouter, parce que pour deferer à un pareil compte, il
auroit fallu que, fuivant le Requifitoire du Marquis de Menars, il lui
eût efté communiqué, que l'Affemblée eût efté continuée à un autre

jour, & qu'il eût eû la liberté de l'examiner & d'y repondre ; on en appelle fur tous ces faits à Meffieurs les parens qui eftoient affemblez. Ce fut Monfieur le Prefident Pelletier, qui le premier penfa qu'il eftoit inutile d'inftruire un procès en regle fur le compte, en le communiquant au Marquis de Menars, pour qu'il fournît des debats.

Ainfi, que la Marquife de Menars ceffe de triompher fur fon compte non communiqué, non debattu, & non examiné ; elle ne trouvera pas dans l'Ordonnance de M. Soulet qu'il ait efté rien ftatué fur ce compte.

Enfin, Meffieurs les parens fe font partagez fur la Curatelle ; Meffieurs les parens paternels, toujours favorables à la Marquife de Menars, lui ont deferé en plein la Curatelle de fon mari.

Le Comte de Saumery pere s'eft feul feparé de Meffieurs les parens paternels fur ce chef, & fon avis s'eft réuni avec Meffieurs les parens maternels au nombre de huit ; ainfi neuf parens paternels ont donné la Curatelle en plein à la Marquife de Menars, huit parens maternels & le Comte de Saumery premier parent paternel de l'Affemblée, ont efté d'avis de ne donner à la Marquife de Menars que la Curatelle H O N O-R A I R E, & d'établir un Curateur O N E R A I R E : Ainfi voilà Meffieurs les parens partagez, neuf contre neuf.

La Marquife de Menars n'eft pas contente de la qualité de Curatrice honoraire, elle veut abfolument avoir l'adminiftration des biens, & n'être point gênée par un Curateur oneraire comptable au Confeil compofé de parens illuftres. Elle prétend qu'il n'y a point d'exemple qu'on ait partagé la Curatelle d'un Interdit de façon qu'on n'ait mis que l'honorifique d'un côté & tout le maniement de l'autre, d'autant que le Curateur oneraire eft comptable au Confeil compofé des perfonnes les plus illuftres & les plus éclairées ; enforte qu'il ne pourra rien faire fans leur ordre & fans leur fignature. La Marquife de Menars prétend même que c'eft lui avoir fait une injure grave que de ne lui avoir donné que la Curatelle honoraire : *J'ai 29 ans*, vient de faire plaider la Marquife de Menars dans une replique très-vive, *je fuis offenfee, de ce que vous ne me donnez que 25 ans : à 29 ans on a un jugement formé, ou on ne l'a jamais* : ce font-là les propres termes du défenfeur de la Marquife de Menars : *Je fuis en état de conduire un mari fexagenaire,* dit-elle. *D'ailleurs quel embarras y a-t'il dans cette Curatelle ? le Marquifat de Menars eft en régie, il y a un Receveur géneral, il ne s'agit que de recevoir les Lettres de change qu'il envoyera, je les recevrai parfaitement bien ?*

Dès que des Magiftrats auffi éclairez que Meffieurs les parens maternels ont penfé que la Curatelle pouvoit être partagée en Curatelle honoraire & en Curatelle oneraire, il eft inutile de traiter une pareille queftion ; leur décifion vaut mieux que toutes les autoritez que l'on pourroit rapporter : Mais même n'eft-il pas de principe que la Curatelle par rapport aux majeurs qui font hors d'état de gérer leurs affaires & de fe conduire, a été établie à l'inftar des tutelles & de curatelles par rapport aux mineurs ? d'où il fuit qu'on doit appliquer aux curatelles des majeurs qui font interdits, les mêmes regles qui ont lieu par rapport aux mineurs. Les Curateurs ne font pas feulement donnés aux Interdits pour veiller à leurs biens, ils font auffi chargés de veiller à leur perfonne, de .nême que les Tuteurs qui font donnés *perfonis & rebus* : or il n'y a rien de plus fréquent que de voir des Tuteurs & des Curateurs honoraires & des Curateurs oneraires par rapport aux mineurs, & par confequent rien n'empêche d'en établir de même par rapport aux Interdits.

Oh mais! dit la Marquife de Menars, cette féparation de la Curatelle honoraire & de la Curatelle oneraire par rapport aux Interdits n'eft pas en ufage; il n'y en a qu'un exemple du Confeil du Roy qu'on n'a pas ofé citer.

La Marquife de Menars ne manque jamais par la confiance. On rapporte la Sentence du Châtelet qui a interdit le Sieur * * * ci-devant Confeiller en la Cour, & actuellement Lieutenant au Régiment de Champagne, Madame fa mere eft Curatrice honoraire à fon interdiction, & il y a un Curateur oneraire. On pourroit facilement trouver plufieurs autres Jugemens du Châtelet, par lefquels on a donné à des Interdits des Curateurs honoraires & des Curateurs oneraires, mais on a crû inutile de porter les recherches plus loin.

Au refte, c'eft à tort que la Dame Marquife de Menars s'offence de ce qu'on la déchargée de l'embarras de la Curatelle oneraire, en ne lui donnant que la Curatelle honoraire. Etoit-il naturel de charger une jeune Dame de condition de tout le détail de l'adminiftration, qui n'eft pas fi aifée qu'elle le veut perfuader? Il n'y a pas feulement des Lettres de Change à toucher, ce qui a fes embarras & fes dangers, il y a des comptes à regler avec le Régiffeur de Menars & avec des Fermiers; il faut prendre des arrangemens pour payer les dettes que la Marquife de Menars a contractées, pendant que fon mari a eu la facilité de la laiffer maîtreffe; & on ne payera pas ces dettes avec les vieils debets qui fe trouvent dans la Terre de Menars, dont la Marquife de Menars parle fi fouvent, & qui étoient dûs dès le tems de M. le Préfident de Menars. Ceux qui pouvoient être bons ont été touchés, & ce qui refte dû l'eft par des perfonnes infolvables. Il n'y a pas de grandes Terres dans lefquelles on ne trouve de pareils debets. Ainfi il faut prendre des mefures fages pour acquitter les dettes, & pour regler la dépenfe de la maifon: Il y aura auffi des difcuffions pour le partage de la fucceffion de Madame la Préfidente de Menars, il eft beaucoup plus convenable d'avoir une perfonne fur qui tout cet embarras foit rejetté, & qui foit comptable de toutes fes démarches, & refponfable de fa recette.

Ce n'eft point avoir fait injure à la Marquife de Menars que de l'avoir déchargée de ce foin, & même de l'en avoir crûe incapable. La Dame Marquife de Menars pour avoir 29 ans n'en eft pas plus propre à toutes les difcuffions qu'une pareille curatelle entraîne. Il ne lui convient pas même de s'affujettir à des comptes; il vaut beaucoup mieux lui fixer une fomme proportionnée à la fortune actuelle du Marquis de Menars, qu'elle dépenfera à fon gré, & dont elle n'aura point de compte à rendre. Pour la dépenfe de la maifon, ce feront les Confeils qui regleront tout, & on fçait bien que dans le détail on n'enviera jamais à la Marquife de Menars une autorité telle que la bienféance l'exige; ainfi rien de plus fage & de plus convenable que la féparation de la curatelle honoraire & de la curatelle oneraire.

C'eft

C'eſt même un ſage tempérament pour ne point aſſujettir le mari, pour conſerver les biens aux enfans, & pour arranger les affaires que la mauvaiſe adminiſtration de la Marquiſe de Menars ont dérangées.

Il reſte maintenant de ſçavoir qui eſt-ce qui ſera Curateur oneraire. Meſſieurs les Parens qui ont été d'avis d'établir un Curateur oneraire ont nommé le ſieur Gervais.

Qui eſt-ce qui ſera Curateur ?

Le Marquis de Menars lui doit la juſtice, que c'eſt un homme qui a toujours eſté attaché à M. le Préſident & à Madame la Préſidente de Menars, il a eu dans tous les temps la confiance de la famille du Marquis de Menars, & il a mérité la ſienne. Le ſieur Gervais eſt un homme connu, contre lequel la Marquiſe de Menars fait déclamer en vain; ſa réputation eſt à l'abry de tout ce que la Marquiſe de Menars peut dire. Le ſieur Gervais Sécretaire du Roy Audiancier de la Chancellerie, a eſté le Curateur du Marquis de Menars lors de ſon interdiction de 1723. Il a adminiſtré cette Curatelle de façon qu'il n'y a pas eu de ſaiſies, & qu'il a fait des épargnes très-conſiderables que la Marquiſe de Menars a diſſipées pendant les cinq années que ſon mary a eu la complaiſance de la laiſſer maîtreſſe. Le ſieur Gervais depuis l'interdiction du Marquis de Menars levée, a toujours eu la confiance de la Marquiſe de Menars, ainſi qu'il réſulte de ſes Lettres; & il a ſouvent eu la facilité de lui avancer de l'argent, ainſi qu'il eſt prouvé par les mêmes Lettres; mais le crime du Sr Gervais eſt d'avoir pris le parti du Marquis de Menars, que la Marquiſe vouloit ſubjuger. Le ſieur Gervais a blâmé l'artifice des Billets, il a conſeillé de n'en point faire uſage, il a conjuré la Marquiſe de Menars, il lui a repreſenté tout l'éclat qu'elle alloit faire, elle a eſté ſourde à ſes remontrances; il lui a déclaré qu'eſtant attaché au Marquis de Menars de tout temps, il ſe devoit à lui préferablement à elle, il a ſoutenu le Marquis de Menars dans ſes malheurs, il l'a aidé de ſa bourſe. Qui eſt-ce qui blâmera le ſieur Gervais de cette conduite ? où plutôt qui eſt-ce qui ne ſeroit point indigné contre lui, s'il eſtoit entré dans la conjuration de l'interdiction du Marquis de Menars, & de la Curatelle abſolue au profit de la Marquiſe de Menars ?

A l'égard de la place de Curateur oneraire dans l'occaſion preſente, le Marquis de Menars doit la juſtice au Sieur Gervais qu'il ne l'a point recherchée, & que Meſſieurs les parens lui ayant fait l'honneur de le nommer, il a declaré formellement qu'il remercioit, & qu'il n'en vouloit point. Pluſieurs parens, la Demoiſelle de Menars & l'Abbé de Fourcy, l'ont ſollicité pour accepter la nomination qui avoit eſté faite de ſa perſonne ; on lui a repreſenté qu'il le devoit à la memoire de Monſieur le Preſident & de Madame la Preſidente de Menars, & par reſpect pour les perſonnes qui l'avoient nommé. Toutes ces raiſons ont fait une eſpece de devoir au Sieur Gervais de ce qui n'étoit point de ſon goût, & le Marquis de Menars perdra ſeul, s'il n'a pas ce Curateur ; car pour le Sr Gervais il ſe regardera comme fort debaraſſé.

Mais il n'étoit pas juſte que le Marquis de Menars ne repouſſât pas la declamation qui a eſté faite contre un homme d'une probité à toute épreuve, que rien n'a pû détacher de lui dans ſes plus grands malheurs, & qui lui a ſervi de conſolation & d'appui.

Oh mais ! dit la Marquife de Menars, le Sieur Gervais eft un homme que je ne peux pas fouffrir, c'eft un homme qui m'a manqué, il a
même écrit des lettres peu mefurées fur mon compte ; me donnera-t'on
un domeftique malgré moi ? d'ailleurs, l'adminiftration du Sieur Gervais pendant qu'il a efté Curateur, n'a pas efté auffi reguliere qu'on
voudroit le faire croire. Premierement, l'argent qui eft provenu de la
vente du Regiment du Marquis de Menars a efté remis à Madame la
Préfidente de Menars fans interèts : eft-ce ainfi qu'on employe l'argent d'un Interdit ? En fecond lieu, c'eft pendant l'interdiction du
Marquis de Menars qu'on a confenti à la furvivance de la Capitainerie en faveur de M. Dodun, eft-ce encore là une bonne adminiftration ? enfin le Sieur Gervais doit des comptes de fa geftion, & ainfi la
premiere demarche du Curateur qui fera nommé au Marquis de Menars,
devra être de pourfuivre le Sieur Gervais pour la reddition de fes
comptes.

La Marquife de Menars a tort de traiter un Curateur oneraire, qui
doit être un homme de confiance & un homme folvable, d'un domeftique. Le Marquis de Menars eft bien éloigné de penfer ainfi, & de fe fervir
d'expreffions auffi peu convenables : Eft-ce que la Marquife de Menars
voudroit ériger quelque domeftique en Curateur oneraire ? Le Marquis
de Menars declare que s'il avoit le malheur de pas avoir le St. Gervais,
qui a toujours geré fes affaires & mérité fa confiance. qu'il n'en rece-
vra jamais de la main de la Marquife de Menars : A l'égard de la geftion qui a efté faite par le Sieur Gervais pendant l'interdiction du
Marquis de Menars, elle a efté telle qu'on l'a dit, & les objections
qu'on propofe font deftituées de pretexte.

Premierement, ce n'eft point le fieur Gervais qui a remis à Madame
la Préfidente de Menars l'argent qui eft provenu de la vente du Regiment du Marquis de Menars, ce font MM. les parens Confeils de la Curatelle qui ont prié Madame la Préfidente de Menars de vouloir bien fe
charger de l'argent qui eftoit expofé alors à des diminutions. Ce fait
eft prouvé par un compte du fieur Gervais, arrêté par Madame la Préfidente de Menars & par les Confeils de la Curatelle. Et ainfi ce fait eft
étranger au fieur Gervais.

Secondement, on ne peut pas plus imputer au fieur Gervais la furvivance de la Capitainerie du Comté de Blois en faveur de M. Dodun ; elle n'a jamais efté fignée que du Marquis de Menars, & non du
fieur Gervais, & c'eft fur la fignature du Marquis de Menars feul fans
le confeil du fieur Gervais Curateur, que la furvivance a efté accor-
dée à M. Dodun par le Roy. Ce Traité s'eft fait de concert avec Mᵉ.
la Préfidente de Menars, & le fieur Gervais n'en a efté informé que
quand tout a efté confommé par le Roy en faveur de M. Dodun La
Dame Marquife de Menars peut s'informer de ce fait à M. Dodun.
Enfin, à l'égard des comptes qu'on dit que le fieur Gervais n'a pas
rendu de fa geftion tant qu'il a efté Curateur, on rapporte un premier compte arrêté par les Confeils de la Curatelle qui eft pour plufieurs
années. Le fecond compte a efté préfenté par le fieur Gervais, il a efté
trouvé dans les papiers de Madame la Préfidente de Menars ; il eft vrai
qu'il n'eft pas arrêté par la famille, qui connoiffant l'exactitude du

ſieur Gervais, ne s'eſt pas preſſée de l'arrêter ; il en eſt de même d'un troiſiéme compte préſenté par le ſieur Gervais & qui a eſté remis à la Marquiſe de Menars, & duquel il réſulte que le ſieur Gervais eſt en avance. Au reſte, lors de l'Aſſemblée de Meſſieurs les parens, il a eſté objecté que le Sieur Gervais devoit des comptes, & M^{rs} les parens qui l'ont nommé, ont répondu qu'il les rendroit à M^{rs} les parens qui ſeroient nommé Conſeils. Le Sieur Gervais ne ſera pas embarraſſé de rendre ſes comptes, il ne ſouhaite rien tant que de tout terminer à cet égard.

Il ne reſte plus pour finir que de dire un mot des interdictions ſucceſſives, dans leſquelles la Marquiſe de Menars reproche ſans ceſſe à ſon mary d'avoir paſſé ſa vie, quoique ces faits ſoient étrangers à la queſtion qui eſt à décider, pour laquelle on ne doit conſidérer que ce qui s'eſt paſſé depuis l'interdiction prononcée en 1723, tout ce qui eſt antérieur étant abſolument inutile.

En 1710. Sentence du Châtelet obtenue par M. le Préſident de Menars, qui a interdit le Marquis de Menars, Sentence non ſignifiée & non excutée ; ainſi il faut écarter un pareil Jugement. Il en eſt de même d'un autre Jugement de 170●. par lequel M. le Préſident de Menars s'eſt fait nommer pour Conſeil du Marquis de Menars ; Jugement encore ni executé ni ſignifié. En 1718. le Marquis de Menars qui avoit une femme auſſi reſpectable par ſa naiſſance que par ſa vertu, la demanda pour Conſeil.

Enfin la ſeule interdiction dont le Marquis de Menars ait eſté frappé par Jugement de Commiſſaires, c'eſt celle de 1723. pourſuivie par Madame la Préſidente de Menars ; cette ſeule interdiction a eſté levée, & pour en prononcer une nouvelle il faut des faits ſurvenus depuis l'interdiction levée. Or on a prouvé qu'il n'y a aucuns faits qui méritent l'interdiction, il n'y a point de prodigalité qui puiſſe être reprochée ; il s'agit uniquement de remedier aux ſurpriſes auſquelles la vûe foible du Marquis de Menars l'expoſe, & qu'il a éprouvées de la part des émiſſaires de la Marquiſe de Menars.

Une conſolation pour le Marquis de Menars dans ſes malheurs, c'eſt que le public y prend part, & qu'il a la Cour pour Juge. Il eſpere que l'Arreſt qui va intervenir lui conſervera ſon état, ſes biens, & ſon repos le reſte de ſes jours :

Son état en ne l'interdiſant point : ſes biens en ne les mettant point ſous la main d'une jeune femme qui ne les a pas adminiſtrez avec prudence : ſon repos en ne le mettant point ſous la dominition d'une femme dont les pourſuites ſur l'interdiction de ſon mary n'ont point d'exemple, & qu'on eſt perſuadé qui ne fera point d'imitatrices. La reconnoiſſance étoit encore un motif pour qu'elle en uſât bien avec un mary qui l'a épouſée par choix, & qui s'étoit fait un plaiſir de reparer par ſon mariage les caprices de la fortune.

M^e DE LAVERDY, Avocat.

DUPLESSIS, Procureur.

LETTRE

Du Sieur Mesnard à M. le Duc de Chaulnes, qui prouve de quelle façon l'Interdiction du Marquis de Menars avoit été projettée à la faveur du Billet & de la Lettre de Change.

(a) C'est le Marquis de Menars.

EN attendant que j'aye l'honneur de *vous voir demain, Monseigneur, si vous avez dans la journée un moment à me donner, je prendrai la liberté de vous dire que je ne trouve dans la Requête de Madame de Menars rien qui vaille.* 1°. *Parce qu'il me paroît bien brusque en parlant au personnage,* (a) *de commencer par lui dire: Signez une Requête en forme; leur maniere préparée est seule capable de le mettre en défense,* &c. 2°. *Dès qu'on lui fera supplier le Juge de donner cette administration à Madame sa femme, elle & M. son pere, contre qui il y a déja de l'indisposition, paroîtront clairement les auteurs de ce que ses mauvais amis lui diront une piece jouée, quoique ce ne soit qu'un acte utile & nécessaire à lui & à sa famille.* 3°. *Je suis assez d'avis qu'on passe par le Lieutenant Civil, Juge naturel, & d'ailleurs bien instruit par deux pareils actes de l'admissibilité du troisiéme.*

Je me réduis donc à dire que le sermon doit avoir deux points; le premier, sa conduite dans la verité le fera convenir, & sans tant de détours dire que vous l'avez fait examiner; ce qui est vrai, (b) *puisque c'est de votre aveu.*

(b) Le sieur Mesnard veut apparemment parler d'un fameux itineraire d'une mouche qu'on prétendoit avoir mis à la suite du Marquis de Menars; démarche très-convenable, ouvrage fort digne de foi. La Marquise de Menarsn'a plus osé parler de cet itineraire.

Le second, son infirmité qui n'est pas douteuse, non plus que les incidens ausquels elle le peut engager, (c) *soit naturellement, soit par les mauvaises compagnies.*

(c) C'est apparemment du Billet & de la Lettre de change dont le Sr Mesnard parle.

La peroraison, s'il le prend bien, de lui faire signer quatre lignes par lesquelles, en convenant de ses infirmitez, il vous prie de procurer, soit par le rétablissement de l'interdiction levée, soit par toute autre voye que vous jugerez convenable au bien de ses affaires, la régie de son bien; avec cela qui, 1°. *ne l'effarouchera pas, &* 2°. *dont il ne se pourra dédire, ni ses confidens le faire agir contre votre Nom & votre Dignité. vous ferez une espece d'Assemblée de parens, qui sur un bref narré du fait, seront d'avis de rétablir l'interdiction; & sur ce fondement on fera la Requête qu'il signera avec les autres; ou même sans sa signature, avec les pieces qu'on a, on concluera à ce qu'il soit interdit, en consequence que ses affaires domestiques, recette & dépense, baux & loyers, seront administrés par sa femme, & qu'il ne pourra être emprunté ni aliené au-dessus de* 4000 *livres sans votre approbation par écrit.*

Comme je n'ai pas le tems de faire réponse à Madame de Menars, dont je crois avoir conclu hier l'autre affaire, & qu'on me dit que vous lui alliez faire réponse, si vous voulez bien, Monseigneur, lui envoyer celle ci, cela suffira. Vous connoissez mon profond respect. Signé, MESNARD.

Cette lettre étant tombée entre les mains du Marquis de Menars, il a regardé M. le Duc de Chaulnes comme sa partie déclarée sur l'interdiction, & il esperoit qu'il s'abstiendroit de venir donner son avis dans l'Assemblée; il lui a même fait signifier à cet effet la lettre avec un acte

par

par lequel il l'invitoit à ne point se trouver à l'Assemblée. On a encore
deux lettres de M. le Duc de Chaulnes, l'une par laquelle, suivant
la consultation du sieur Mesnard dans la lettre cy-dessus, il écrit au
Marquis de Menars de venir le trouver, qu'il a une affaire importante
à lui communiquer ; & cette affaire estoit de lui conter gravement la
fable du Billet & de la Lettre de change trouvez par le moyen du Lieutenant de Police, * & de le conduire chez le Lieutenant Civil, où le
Marquis de Menars alla en effet, & choisit sa femme pour sa Procura-
trice generale & pour son Conseil, en sorte qu'il ne pourroit rien signer sans elle. La precedente lettre du sieur Mesnard est de six jours
anterieure à la Sentence de M. le Lieutenant Civil, par laquelle le
Marquis de Menars se soumet de ne signer qu'avec sa femme ; & la
lettre de M. le Duc de Chaulnes est de la veille de cette Sentence. La
seconde lettre de M. le Duc de Chaulnes est écrite à M. Bosc, au su-
jet de la premiere Assemblée qui, suivant le sieur Mesnard dans sa lettre, devoit être *une espece d'Assemblée de parens, dans laquelle sur un bref
narré le Marquis de Menars devoit être interdit.* On y voit beaucoup de
vivacité de la part de M. le Duc de Chaulnes, sur ce que cinq parens
dans cette Assemblée avoient dérangé la partie qui avoit esté faite, en
n'estant pas d'avis de l'interdiction. On a bien voulu, par considera-
tion pour M. le Duc de Chaulnes, ne pas faire imprimer ces deux lettres, dont la derniere est conçûe dans des termes peu mesurez, & peu
convenables par rapport à Messieurs les parens qui n'avoient pas esté
de l'avis de l'interdiction.

* On est per-
suadé qu'on a-
voit trompé
M. le Duc de
Chaulnes & le
Sr Mesnard.

A NOSSEIGNEURS DE PARLEMENT

en la Grand'Chambre.

SUPPLIE humblement Michel-Jean-Baptiste Charron, Chevalier, Marquis de Menars, Brigadier des Armées du Roy, Gouverneur du Château de Blois, & Capitaine des Chasses de la Capitainerie Royale du Comté de Blois : QU'IL VOUS PLAISE sans s'arrêter
à la nouvelle demande de Dame Anne de Castras De la Riviere,
épouse du Suppliant, portée par sa Requête du 26 Fevrier dernier,
dans laquelle elle sera déclarée non recevable, & dont en tout cas elle
sera déboutée, adjuger au Suppliant les conclusions qu'il a ci-devant
prises par ses Requêtes des 28 Juillet & 27 Août 1733, en consequence, faisant droit sur l'appel interjetté par le Suppliant des Sentences &
Ordonnances rendues par le Sieur Lieutenant Civil du Châtelet les 27
Mars, 25 Avril, 9 & 20 May 1733. mettre l'appellation & ce dont est
appel au neant, émandant, déclarer toute la procedure faite par ladite
Dame Marquise de Menars tant au Châtelet qu'en la Cour, avant &
depuis l'Arrêt du 7 Septembre dernier, nulle & de nul effet, &
sans préjudicier à ladite nullité, déclarer en tous cas ladite Dame de
Menars non recevable dans sa demande afin d'interdiction du Suppliant, & subsidiairement l'en débouter, donner acte au Suppliant,
attendu ses infirmitez, de ce qu'il demande pour Conseil les personnes

de sa famille qu'il plaira à la Cour de nommer, autres toutefois que ceux qu'il a recusées lors du dernier avis de parens, sans l'avis, le Conseil & la signature desquels il ne pourra contracter, aliéner par contrats, obligations & billets, ni entrer dans aucune forte d'engagement tendant à aliénation, de quelque nature qu'il puisse être, intenter ni deffendre à aucun procès ; & pour éviter à des personnes aussi distinguées un détail & un embarras qui ne peut pas leur convenir, & qui est nécessaire, attendu l'infirmité de la vûe du Suppliant, lui donner acte de ce qu'il demande pour Œconôme telle personne solvable qu'il plaira au Conseil de sa famille ou la Cour de nommer, lequel Œconôme il se soumet de ne point revoquer que par l'avis du Conseil de sa famille, pour en ce cas en nommer un autre par le même avis à la place de celui qui seroit revoqué, lequel Œconôme demeurera autorisé à passer les Baux, faire compter les Fermiers, toucher les revenus, donner les quittances, & faire tous les Actes d'administration, dont il tiendra compte tous les ans au moins, & plus souvent s'il est jugé nécessaire, au Suppliant & au Conseil de la famille qu'il plaira à la Cour de lui donner, & desquels revenus ledit Œconôme disposera suivant qu'il sera arrêté par le Suppliant avec le Conseil de la famille ; comme aussi donner acte au Suppliant de ce qu'il nomme Daoust pour son Notaire, devant lequel seul pourront être passez les Actes, dans lesquels il sera partie, par le Conseil de la famille ; & comme en la Cour Souveraine il faut deffendre à toutes fins, lui donner acte de ce qu'il s'oppose formellement pour son interêt personnel & pour celui de ses enfans, a ce que la Dame de Menars son épouse soit Curatrice ni Œconome, attendu les dissipations dans lesquelles elle est tombée, les surprises dont elle s'est rendue coupable, & la conduite qu'elle a tenue à son égard, ce qu'il est prêt de justifier, & ce, qui pour la dissipation, dépend du compte qu'elle n'a fait que presenter à l'assemblée de parens, & qui n'a été ni communiqué, ni éxaminé, ni débattu, la famille assemblée ayant jugé que cela seroit trop long, & où la Cour trouveroit quant à present la moindre difficulté dans les conclusions cy-dessus, ce que le Suppliant n'estime pas en ce cas, ordonner avant faire droit qu'il sera fait nouvelle assemblée des parens les plus proches du Suppliant, du nombre desquels seront ceux qui n'ont point été appellez à la derniere assemblée, quoique plus proches, ausquels parens la presente Requête sera communiquée pour donner leur avis sur icelle, & de laquelle assemblée seront exclus les parens que le Suppliant a recusez, pour le tout fait & rapporté, être ordonné ce que de raison, sans préjudice au Suppliant à prendre dans la suite telles autres conclusions qu'il avisera bon être, & vous ferez bien.

MAUPASSAN.   DUPLESSIS.

A NOSSEIGNEURS DE PARLEMENT
en la Grand'Chambre.

SUPPLIE humblement Michel-Jean-Baptiste Charron, Chevalier, Marquis de Menars, Brigadier des Armées du Roy, Gouverneur du Château de Blois, & Capitaine des Chasses de la Capitainerie Royale du Comté de Blois; Qu'il vous plaise donner acte au Suppliant de ce qu'il consent que Messieurs de la Grand'Chambre, qui ont connu de la Cause d'entre le Suppliant, la Dame de Menars son épouse, Messire Dreux-Augustin Dugué, Conseiller du Roy en ses Conseils, Maître des Requêtes ordinaire de son Hôtel, Messire Nicolas-François Midorge, aussi Maître des Requêtes, & autres parens du Suppliant en la Cause, continuent d'en connoître nonobstant toute parenté, & au surplus en adjugeant au Suppliant les conclusions qu'il a prises, & en déclarant toute la procedure faite par ladite Dame de Menars nulle, ainsi que le Suppliant y a conclu, déclarer pareillement nulle toute la procedure faite par ladite Dame de Menars pour & à l'occasion du procès verbal d'Avis de parens fait devant M. Soullet & en conséquence d'icelui, ensemble les Requêtes qu'elle a présentées à la Cour les 26 Février dernier & deux du présent mois d'Avril, & tout ce qui a suivi, attendu que ladite Dame est en puissance de mari, & qu'elle n'est autorisée ni par son mari ni par Justice : Et vous ferez bien.

MAUPASSAN;

                                                DUPLESSIS;

BONNIN.

De l'Imprimerie de GABRIEL VALLEYRE, rue de la Bouclerie, à l'Annonciation.